知ろう！学ぼう！

税金 の働き

税金の基本と仕組み

監修／日本税理士会連合会

金の星社

はじめに

　みなさんは税金について考えたことがありますか？

　「知ろう！ 学ぼう！ 税金の働き」シリーズは、わたしたちのくらしと税金のかかわり、税金の種類と役割などについて、まんがや図表とともにわかりやすく解説しています。

　第1巻『税金の基本と仕組み』では、最初に消費税について考えます。消費税は、お店で商品を買うときに払う税金です。わたしたちにとって、もっとも身近な消費税をとおして、税金の仕組みや税金の公平な集めかたについて学びましょう。

　第2巻『税金の種類と使い道』では、さまざまな税金の種類や税金の役割、使い道などについて考えます。たとえば、学校を建てるには国や地方公共団体が集めたお金を使います。そのお金には税金があてられています。ほかにも、税金はわたしたちの生活のいろいろな場面に使われています。税金の制度や役割についても学んでいきましょう。

　このシリーズを読めば、わたしたちの社会が税金によってささえられていることがわかります。ぜひ、わたしたちがおさめた税金がどのように使われているのかを調べて、税について関心をもってください。そして、一つひとつの税金の仕組みやその集めかたが今のままでよいか、集められた税金がみんなが納得できるように使われているかなど、自分なりに考えてほしいと思います。

　これからの社会をささえていくのは、みなさんです。自分だけでなく、みんなのくらしがよりよくなるために何をするべきか、一人ひとりが考えることで、今よりももっとすてきな社会になっていくことでしょう。

　この本が、みなさんが税金について興味をもつきっかけになればうれしいです。また、まわりの人たちのいろいろな意見や考えを聞きながら、自分の視点でも税について考えられるようになってほしいと願っています。

日本税理士会連合会

会長　神津　信一

もくじ

第1章 税金の基本

まんが●はじめての税金 **100円ショップでお買い物できる？** ……………… **6**

●**消費税って、なんだろう？** ………………………………………………… **12**
　支払いと消費税の関係 ……………………………… 13

●**なぜ、税金が必要なの？** …………………………………………………… **14**
　みんなでおさめ、みんなのために使う税金 ………… 15

●**税金は、何に使われているの？** ………………………………… **16**
　イラスト税金クイズ ……………………………………… 16

●**税金がなかったら、どうなるの？** ……………………………… **20**
　税金がなかったら、こまってしまうかも ……………… 21

●**税金には、どんな種類があるの？** ……………………………… **22**
　日本のおもな税金 ……………………………………… 23

　人の一生と税金との出会い ……………………………… 24

　ふるさと納税は、税金ではなかった ………………… 26

第2章 税金の仕組み

まんが●公平な税金 **みんないっしょのおこづかい？** ……………… **28**

●**税金の原則とは？** …………………………………………………………… **31**
　税金の3つの原則 ……………………………………… 31

◉ 公平な税金って、どういうこと？ 32

3人からおなじ金額を集める 33

ひとりから全額を集める 33

おなじ割合で集める 34

ちがう割合で集める 34

▶税金を公平に集めるためのくふう 35

◉ 税金は、だれがきめているの？ 36

日本の税法のきまりかた 37

◉ 税金は、どうおさめているの？ 38

おもな税金のおさめかた（消費税・所得税・住民税の例）................. 39

◉ 税金を徴収する機関 40

国税をあつかう機関 41

◉ 税金をあつかう職業 42

税理士になるには 43

税金のことが学べる「租税教室」................. 43

◉ 日本の税の歴史 44

さくいん 46

第1章
税金の基本

100円ショップで お買い物できる？

できたー！！

これなら おねえちゃんでも とけないぞ！

すきね〜♪

ママ

ハジメ

また迷路 つくってんの〜？

え

アユミ

あれ？ もうノートが おわっちゃった！

まじかー

ママー！ 新しいノートは？

もうおわったの？ 買いにいかなきゃ ないわよー！

もっと迷路 つくりたいよー

じゃあ、買いにいく！

ハジメ、お金 もってるの？

おこづかいが 残ってるもん！

みて！サイフ！！

じゃ〜ん！！

ほら！ 100円 あるでしょ！

100円ショップなら 買えるか…

100円しかないの？

えっ? たりない!?

あ、あの…なんでも100円の
お店なんですよね!?

そうさ…
でもね…

…10円
たりないね

なんで?

わはははは
はははは

だ、だれっ!?

はっ!

お金のことならおまかせ!!

税金マン参上!!

おどろいたか?

ははは
は

え? なに?
こわいんですけど…

店の中であばれないで
くれないかね?

通報(つうほう)するよ…

え…えっと…キミたち
こまっていたんじゃ
なかったかな?

は、はい
100円はらったのに
100円のノートが
買えないんです!

えっと

8

9

残念だったね

なんかショックだったー

買えなかったー

ねえ、なんで消費税（しょうひぜい）が必要なの？

知りたいかい？

しっかりつかまって!!

レッツゴー

ほら、キミたちの住むまちだよ

道路が何本も見える！

学校だー！

もっと上にいってみよう！

に…日本!?

そう！川は海にそそぎ道路はどこまでもつながっているんだ！

海にかこまれてる！すごーい！

いろんなまちにある学校やどこまでもつづく道路は税金（ぜいきん）を使ってつくられているんだ！

ゼイキン？

うん、100円ショップで必要だった消費税（しょうひぜい）も税金（ぜいきん）のひとつなんだよ

ショーヒぜ〜

へ〜

※100円ショップには「税込み100円」のお店もあります。

消費税って、なんだろう？

コンビニや文房具店で、食べ物やえんぴつなどを買うとき、商品の代金のほかに、「消費税」という税金もいっしょに払っています。みなさんは消費税について、どんなことを知っていますか？　疑問に感じていることも話してみましょう。

消しゴムを買ったら、消費税は10％だったみたい。パンも10％なのかな？

消費税がかからないものがあるって、ほんとう？

小学生のおこづかいは少ないから、消費税は、おとなより少なくてもいいの？

本のうら表紙に、「＋税」とかいてあるけど、これが消費税らしいよ。

外国にも消費税はあるの？

消費税が5％だった時代があるんだって。なぜ10％になったの？

商品を買うときにかかる消費税は、わたしたちにとって、もっとも身近な税金です。コンビニやスーパーで日用品や食料品を買うとき、年齢や性別にかかわらず、だれもが消費税を払っています。お店で買う商品以外にも、電車やバスといった交通機関の運賃、塾や習い事の費用などにも消費税がかかっています。消費税は、わたしたちのさまざまな消費活動にかけられる税金といえるでしょう。

消費税は、お店で商品を買うときに、商品の価格（代金）にくわえて払います。消費税がいくらになるかは、そのときの税率（消費税率）によってきまります。税率が10%の場合、100円の商品を買うには、その10%にあたる10円をくわえた110円が必要です。200円の商品なら、10%にあたる20円をくわえた220円を払います。

わたしたちはお店に消費税を払いますが、それがお店のもうけ（利益）になるわけではありません。お店は、お客さんからうけとった消費税を一時的にあずかり、まとめて計算して税務署におさめます。

支払いと消費税の関係

商品のような「目に見える物体」だけでなく、何かの作業をしてもらうなど、「目に見えないサービス」に対しても、お金を払うときには消費税がかかる。

（くわしくはp.40）

100円のえんぴつを買うときに支払う金額 （消費税率が10%の場合）

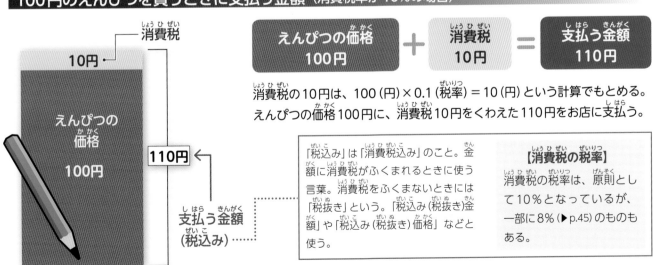

消費税の10円は、100（円）× 0.1（税率）＝ 10（円）という計算でもとめる。えんぴつの価格100円に、消費税10円をくわえた110円をお店に支払う。

「税込み」は「消費税込み」のこと。金額に消費税がふくまれるときに使う言葉。消費税をふくまないときには「税抜き」という。「税込み（税抜き）金額」や「税込み（税抜き）価格」などと使う。

【消費税の税率】
消費税の税率は、原則として10%となっているが、一部に8%（▶p.45）のものもある。

※消費税については、この本のp.23・35・39・45や、第2巻「税金の種類と使い道」でくわしく解説しています。

なぜ、税金が必要なの？

商品を買うときに、お店に払っている消費税は、税金のひとつでした。では、税金は、なぜ必要なのでしょうか？

市役所

税金を集める国や市などが役立てているんだよ。

災害に見舞われて被害にあった人たちのために、税金が使われることがあるよ。

お父さんは会社員だけど、いつ税金をおさめているのかなあ。

税金をおさめることが、法律できめられているからでしょ？

お酒やたばこには、高い税金がかかっているらしいよ。

消費税がなかったら、そのぶんのお金で、もっといろいろ買えるんだけど…。

14

わたしたち★1 がおさめている税金は、みんなのために使うお金です。政府（国・地方公共団体★2）は、みんなが安全で快適にくらせるように、さまざまな活動をおこなっていて、その活動のために使うお金が、わたしたちから集められた税金なのです。

たとえば、だれもが利用する道路や公園をつくるのは政府の仕事です。政府がみんなのためにつくった施設を公共施設といいます。ほかにも、水道の整備や、高齢で介護が必要になった人をささえるなどという重要な仕事

もあります。政府がみんなのためにおこなう事業などを公共サービス★3 といいます。公共施設をつくったり、公共サービスを提供したりするには、たくさんのお金が必要です。そのためのお金を、わたしたちが税金というかたちで公平に負担しあい、政府に使ってもらうようにしているのです。

税金には、国へおさめる国税と、地方公共団体へおさめる地方税があります。どちらも社会をささえるために使われます。

みんなでおさめ、みんなのために使う税金

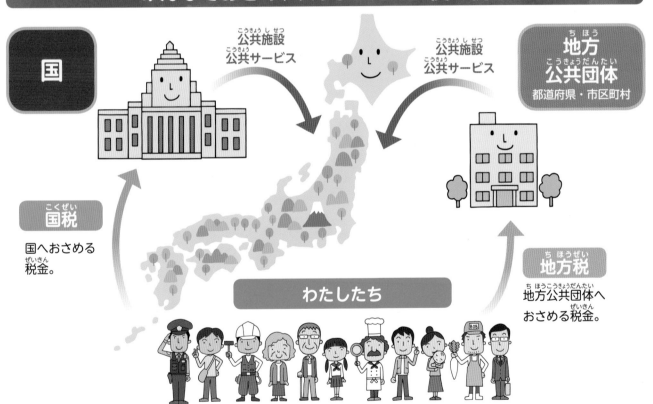

国

公共施設
公共サービス

公共施設
公共サービス

地方
公共団体
都道府県・市区町村

国税
国へおさめる
税金。

地方税
地方公共団体へ
おさめる税金。

わたしたち

国・地方公共団体		わたしたち
みんなのために必要な**公共施設や公共サービス**を**提供・運営する**	◉ゆたかな生活ができるように ◉健康でいきいきとくらせるように ◉文化的で充実した人生をすごせるように ◉安心して生活ができるように	税金というかたちで**費用を負担する**

★1　わたしたち……日本国籍のある個人のほか、法人（会社など）や、日本に住んでいる外国籍をもつ個人もふくむ。
★2　地方公共団体……都道府県や市区町村のこと。「地方自治体」や「自治体」とよぶこともある。
★3　公共サービス……「公的サービス」ともいう。

税金は、何に使われているの？

　税金は、わたしたちみんなが安全で快適にくらすために、みんなで負担しあって国や地方公共団体におさめるお金です。国や地方公共団体は、おさめられた税金を使って、社会をささえる施設をつくったり、必要なサービスを提供したりしています。

　このことをふまえて、下の税金クイズにこたえましょう。

イラスト 税金クイズ
（こたえはp.18）

❓の施設などの設置や運営について、税金の使われかたを〇・×・△でこたえてください。

〇 税金が使われている
× 税金は使われていない
△ 税金が使われているものと、そうでないものがある

河川　郵便局　警察署　道路　消防署　パトカー　ごみ焼却場　ごみ収集車　市役所　書店　消防車　スーパーマーケット

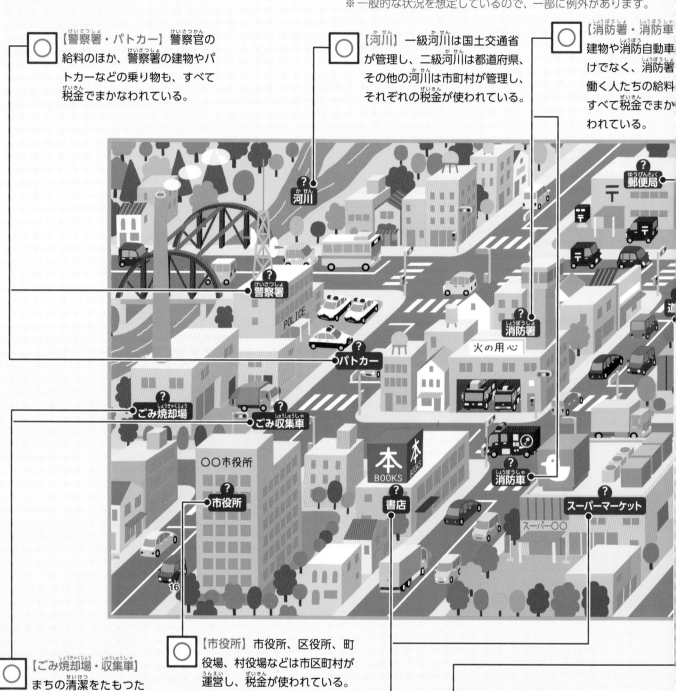

イラスト 税金クイズ こたえ

いくつわかったでしょうか。家や学校のまわりの施設なども調べて、○・×・△で分類してみましょう。

○ 税金が使われている
× 税金は使われていない
△ 税金が使われているものと、そうでないものがある

※一般的な状況を想定しているので、一部に例外があります。

○ 【警察署・パトカー】警察官の給料のほか、警察署の建物やパトカーなどの乗り物も、すべて税金でまかなわれている。

○ 【河川】一級河川は国土交通省が管理し、二級河川は都道府県、その他の河川は市町村が管理し、それぞれの税金が使われている。

○ 【消防署・消防車】建物や消防自動車けでなく、消防署働く人たちの給料すべて税金でまかわれている。

○ 【ごみ焼却場・収集車】まちの清潔をたもつために市区町村の税金が使われている。

○ 【市役所】市役所、区役所、町役場、村役場などは市区町村が運営し、税金が使われている。

× 【書店・スーパーマーケット】個人や民間企業が経営しているので、税金は使われていない。

△ 【道路】国道は国、都道府県道は都道府県市町村道は市町村が管理していて、一般通行する道路のほとんどは、国や地方公共団体のもとで税金が使われている。一部個人が管理する私道がある。

清掃事業には税金が使われている。

国道は税金で建設されている。

18

消防車・救急車には税金が使われている。

☒ 【郵便局】かつては公共企業として税金が使われていたが、今は民間企業となっている。

☒ 【コンビニ】個人や民間の企業が経営しているので、税金は使われていない。税金の納付や公共料金の支払いができるが、市町村などから手数料をもらってうけおっているにすぎない。

△ 【図書館・児童館】ほとんどは公立であり、税金でまかなわれている。一部に個人や企業が運営する施設もある。

◯ 【病院】病気の診療をうけたり、けがの手当てをしてもらったりするときに、費用の一部に税金が使われる。国立や都道府県立、市町村立の病院は、税金によって運営されている。

◯ 【交番】「警察署」とおなじで、税金が使われている。

☒ 【タクシー】個人や民間企業が経営しているので、税金は使われていない。

☒ 【銀行】民間の企業が経営しているので、税金は使われていない。税金の納付や公共料金の支払いができるが、市町村などから手数料をもらってうけおっているにすぎない。

△ 【公園】個人や企業が運営するものをのぞけば、ほとんどの公園に税金が使われている。

◯ 【小学校】学校の設備や授業で使う教科書などには税金が使われている。市立や国立などの公立の学校は、市や国などの税金によって運営されている。私立学校の場合、運営費は児童の保護者がおさめる学費でまかなわれ、一部に税金が使われている。

つくえもいすも税金で購入したもの。

税金がなかったら、どうなるの？

税金がいろいろなものに使われていることがわかったと思います。では、もし税金がなくなって、みんなのために使えなくなったら、わたしたちのくらしはどうなるのでしょうか？

小学校は、どうなっちゃうの？

友だちが私立の小学校にかよっているけど、お金がたくさんかかるらしいよ。

警察官がいなくなって犯罪がふえたら、安心してくらせないなあ。

市役所や町役場がなくなって、公務員もいなくなっちゃうかも？

橋をわたるときに「通行料を払ってください」なんて、いわれないかな。

火事がおこったとき、消防士はかけつけてくれるのかな？

「税金を払いたくない」という人がいます。税金を払わなければ、そのぶんお金が手もとに残るので、いろいろなものを買えていいかもしれません。

では、税金はないほうがいいのでしょうか？

日本の社会から税金がなくなったら、わたしたちのくらしはどうなるのでしょうか？

警察の仕事を民間の企業がうけおった場合を例に考えてみましょう。

国が警察の仕事をしている今は、警察にかかわる費用は税金でまかなわれています。そのため、110番へ電話をかけて警察官にかけつけてもらっても、交番で道をたずねても、お金を払う必要はありません。

しかし、警察の仕事を企業がうけおったら、警察官の給料や交番の運営費を負担するのは、一般の市民や利用した人たちです。そうなると、警察官をよんだり、道をたずねたりした人が高額の料金を求められるかもしれません。お金持ちの人しか警察を利用できなくなったら、こまってしまいます。

こうしてみると、警察や消防のような公共性の高い仕事は、みんなのだしあったお金で運営するのが適していることがわかります。こうした仕事を政府がおこないつづけるために、税金はやはり必要なのです。

税金がなかったら、こまってしまうかも

● お金を払わないと、警察官にきてもらえないかもしれない。
● 事件がおきても犯人をつかまえる警察官がいなくて、治安がわるくなるかもしれない。

● 消防士に火事を消火してもらうのが有料になるかもしれない。
● お金がないと、急病人がいても救急車をよべないかもしれない。

● ごみを収集してもらうたびに、料金を支払わなくてはいけないかもしれない。
● 町中にごみがあふれるかもしれない。

全国の公立学校の児童・生徒1人あたりの年間公費負担額（平成28年度）

（東京都租税教育推進協議会調べ）

小学生	中学生	高校生
約93万1000円	約108万4000円	約119万8000円

公立学校の小学生・中学生には、1人あたり、年間でおよそ100万円の公費（税金）が使われている。税金がなくなったら、授業料も教科書も有料になり、各家庭で負担しなくてはいけなくなるかもしれない。

みんなが必要としているものの費用は、税金として、みんなで負担するのがいいのです。

税金には、どんな種類があるの？

消費税以外には、どんな税金があるでしょうか。みなさんは、先生がどんな税金をおさめていると思いますか？

小学校は義務教育で無料だから、先生は税金をおさめなくてもいいのでは？

先生が特別ってことはないから、給料には税金がかかると思うよ。

先生の車には、何か税金がかかっているかも？

消費税以外にも、日本には、さまざまな種類の税金があり、その数は約50種類にもなります。税金は、おおまかな性質によって、いくつかのグループにわけることができます。

税金の納付先がどこか、つまり、「どこへ税金をおさめるか」によって分類すると、国へおさめる国税と、地方公共団体（都道府県・市区町村）へおさめる地方税にわけられます。国税は、日本の国全体のために使われるほか、一部は各地の地方公共団体にも配分されます。地方税は、税金をおさめた地方公共団体のために使われます。

また、税金の納付方法、つまり、「おさめかた」によって分類すると、税金を負担する人とおさめる人（納税者）がおなじ直接税と、税金を負担する人とおさめる人がことなる間接税にわけられます。たとえば、消費税を負担するのはお店で買い物をしたお客さんですが、消費税をおさめるのはお店の人なので、消費税は間接税に分類されます。

どの税金も、法律で納税★のルールがさだめられています。税金の種類がたくさんあるのは、特定の人だけに負担がかかりすぎないようにするためです。立場のちがうさまざまな人たちが、なるべく公平になるように、税金の制度は考えられています。

★納税……税金をおさめること。

日本のおもな税金

(2020年1月現在)

直接税	間接税
国税	
所得税 個人の1年間の所得（利益）に対してかかる。	**消費税** 商品を買ったときや、サービスの提供をうけたときに、地方消費税とあわせてかかる。消費税7.8％＋地方消費税2.2％＝10％
復興特別所得税 東日本大震災からの復興に必要な財源を確保するための税金。2013〜2037年までの25年間、所得税額の2.1％をおさめる。	**酒税** 日本酒やビール、ウイスキーなどの酒類を製造所から出荷したときにかかる。
法人税 法人（会社など）の所得（利益）に対してかかる。	**揮発油税** 自動車のガソリンなどを製造所から出荷したときにかかる。「ガソリン税」ともいう。
相続税 亡くなった人から財産を相続（うけつぐこと）したときなどにかかる。	**たばこ税** たばこを製造所から出荷したときにかかる。たばこ税と、たばこ特別税がある。
贈与税 個人から財産を贈与（無償でゆずりうけること）されたときにかかる。	**自動車重量税** 自動車の車検（車体検査）をうけたときに、自動車の重量におうじてかかる。
その他の税金（地方法人税など）	**登録免許税** 不動産や船・飛行機、会社などを登記するときにかかる。
	印紙税 契約書や領収書など、一定額以上の取引のときに作成する文書にかかる。
	関税 輸入品を国内にもちこんだときにかかる。
	その他の税金（石油石炭税、とん税など）
地方税	
住民税（都道府県民税・市区町村民税） 個人の前年の所得や法人の所得に対してかかる。個人の住居や法人の事務所などのある都道府県・市区町村におさめる。	**地方消費税** 商品を買ったときや、サービスの提供をうけたときに、国税の消費税とあわせてかかる。消費税7.8％＋地方消費税2.2％＝10％
事業税 個人や法人が事業をいとなんでいる場合に、所得（利益）に対してかかる。	**地方たばこ税（都道府県たばこ税・市区町村たばこ税）** たばこ製造者などが小売販売業者に売りわたしたときに、たばこの本数におうじてかかる。
不動産取得税 不動産（土地や建物）を取得したときにかかる。	**ゴルフ場利用税** ゴルフ場を利用したときにかかる。
固定資産税 土地や建物、機械や装置などを所有しているときにかかる。	**軽油引取税** 軽油の引き取りをしたときに、その容量におうじてかかる。
自動車税 自動車の購入時や、自動車を所有している場合にかかる。環境性能割と種別割がある。	**入湯税** 温泉に入浴したときにかかる。
軽自動車税 軽自動車や原動機付自転車（原付バイク）などの購入時や、これらを所有している場合にかかる。環境性能割と種別割がある。	**その他の税金**（産業廃棄物税など）
その他の税金（都市計画税、核燃料税など）	

人の一生と税金との出会い

一生のうちに、どのような税金と出会うか、およその例として図にあらわしました。人生の大きなふしめになる場面では、それまでに出会ったことのない税金をおさめることがあります。

0歳

おこづかいをもらい、自分のお金で買い物をするようになると、消費税を払う。

消費税
国税
地方税
間接税

10歳

消費税は、商品の購入やサービスをうけるときなどにかかる税金。商品の代金に消費税をくわえてお店に払う。

18歳で選挙権をえる。選挙で投票をおこなって、議員を選ぶことができる。自動車の免許を取得できる。

18歳

所得税

住民税

国税
直接税
地方税
直接税

25歳

会社に就職して、給料をもらうようになる。

所得税は所得にかかる国税。住民税は所得にかかり、地方公共団体へおさめる地方税。会社員の場合、所得税も住民税も、給料からあらかじめひかれている。

酒税
国税
間接税

たばこ税
国税
地方税
間接税

酒税はお酒にかかり、たばこ税はたばこにかかる税金。どちらの税金も、商品の値段にあらかじめふくまれている。

20歳

法律によって、20歳になるとお酒を飲めるようになる。たばこもすえる。

結婚して家族がふえ、
自動車を購入する。

30歳

住宅を購入する。

40歳

自動車税

地方税
直接税

自動車税は、自動車の購入時や、所有していることでかかる税金。購入時は自動車の代金といっしょにおさめる。所有している人は、地方公共団体が計算した金額にもとづいて税金をおさめる。

固定資産税

地方税
直接税

固定資産税は、家や土地などの不動産にかかる税金。地方公共団体が金額を計算し、それにもとづいて地方公共団体へ税金をおさめる。

会社を退職して、
自分の会社をおこす。

50歳

法人税

国税
直接税

法人税は、会社などの利益にかかる税金。自分の会社で金額を計算して、税務署へおさめる。会社には事業税や住民税などの負担もある。

亡くなったあと、家族が
財産をうけつぐ。

相続税

国税
直接税

90歳

相続税は、財産をうけついだときにかかる税金。財産をうけついだ人（相続人）が税務署へおさめる。

ふるさと納税は、税金ではなかった

わたしたちの多くは、生まれた土地で子ども時代をすごし、やがて、進学や就職のために都会や別の地方に移り住んだりします。生涯を生まれた土地でくらす人や、生まれた土地にもどってきて新たな生活をいとなむ人もいますが、都会や別の地方に移り住んだまま、生まれた土地にもどらない人が多くいます。

住民税などの地方税は、住んでいる地方公共団体（都道府県・市区町村）におさめる税金です。おとなになって働くようになると、住んでいる土地の地方公共団体に税金をおさめます。しかし、住まなくなった土地、つまり、子ども時代をすごしたふるさとに住民税をおさめることはありません。その結果、人が多く集まる東京などの都会の税収はふえますが、人が流出する地方の税収はへり、財政運営がむずかしくなります。

子ども時代にお世話になったふるさとを応援したい──。そんな人たちの声にこたえて考えられたのがふるさと納税制度です。

「納税」という言葉がふくまれていますが、国税でも地方税でもなく、じつは納税者による地方公共団体への寄付です。ふるさと納税では、

ふるさとに寄付

地方公共団体 生まれた土地
行政サービス　納税

地方公共団体 住んでいる土地
行政サービス　納税

住民税をおさめる先は、生まれた土地ではなく、働くようになって住んでいる土地の地方公共団体。生まれた土地など、お世話になった土地に貢献したいという人が寄付をする。

納税者がみずからの考えで寄付する地方公共団体を選択でき、ほとんどの場合、使い道も選択できます。そのため、お金の使われかたに興味をもつきっかけになります。また、税金に対する意識が高まり、納税のたいせつさを考えることにもつながります。

ふるさと納税では、まず、自分のふるさとなど、寄付をしたい地方公共団体を選びます。寄付をすると、地方公共団体から受領証明書がとどきます。その書類を最寄りの税務署に提出すると、所得税と住民税の控除★をうけることができます。寄付した地方公共団体には、返礼品とよばれるお礼の品をとどけてくれるところがあります。

★控除……金額をさしひくこと。

ふるさと納税の流れ

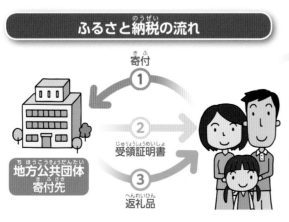

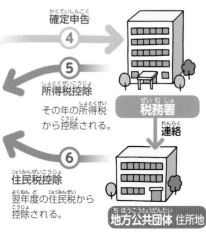

確定申告
④

⑤
所得税控除
その年の所得税から控除される。

① 寄付
② 受領証明書
③ 返礼品

地方公共団体 寄付先

税務署

連絡

⑥

住民税控除
翌年度の住民税から控除される。

地方公共団体 住所地

①〜⑥の順に流れる

寄付額のうち、2000円をこえる部分について、所得税と住民税から原則として全額が控除される。確定申告をせずに税金の控除をうける方法もある。

第2章
税金の仕組み

みんないっしょの おこづかい?

おやつよー!

ママ

あれっ? お金が おいてあるよ

わぁ

エクレア〜

アユミ

ハジメ

今週のおこづかいよ

タケル

消費税が上がったから 150円にアップよ!

やった!!

あのさ ママ…

なに? タケル

?

もう中学生なんだし おこづかい もっと上げてよ! 友だちはもっと もらってるよ!

すくないよー

そっかー じゃあ…

おにいちゃん、ずるい!

なにィ!?

あらら

きょうだいだから いっしょでいいでしょ!

中学生になると つきあいってのが あるんだよ!

不公平だ!!

ごぶんだけ!!

どこで、そんな言葉 おぼえたんだよ!

税金マンよ!!

おしえて もらったのよ!!

にくマン あんマン ゼーキンマン?

はぁ? だれだよ ゼーキンマン?

そもそも小学生と中学生がいっしょとか、おかしい…

わはははは
わははは

ぜ…ゼーキンマン!?
この声!!

外だ!!

ブン
ブン
ブン

お金は公平？不公平？
税金マン参上!!

なんちゅうポーズ!!

庭で!!

おどろかせてすみません

ペコリ

庭先でたいへん失礼しました

ペコ

母です

子どもたちから聞いております

お子さまたちは？

どうぞどうぞこちらから

さて、タケルくん？今のおこづかいに不満があるようだけど…

金額はおなじなんだけど公平に感じないっていうか…

えーと…

なんでー？

生きてきた年数がちがうっていうか…よその家でも学年でちがうし…

きょうだいなんだから金額はおなじでいいでしょ！

公平だ公平だ公平だ

説明はむずかしいけど

いや…みんなおなじってのがぎゃくにへんな感じなんだよ

「平等」だけど、「公平」とは感じないということだね

ふむ

税金の原則とは？

みんなでおさめて、みんなのために使うお金が税金です。広く公平に負担してもらい、適切に運用していくために、税金の制度には3つのだいじな原則があります。

まずは公平の原則。「所得や資産などの経済力がおなじくらいであれば、税金の負担は同等であることが公平」とする考えかたです。一方で、「経済力が高い人には大きな税金を負担してもらい、低い人の負担を小さくするのが公平」とする考えかたもあります。公平にはいくつかの側面があるので、さまざまな税金をもうけることで、できるだけ公平になるようにしているのです。

つぎに中立の原則。税金によって個人や企業の活動に影響をあたえたり、選択をゆがめたりしないようにすることです。たとえば、オレンジジュースにだけ50％の消費税をかけると、オレンジジュースはやめて、ほかのジュースを買うようになります。すると、オレンジジュースは売れなくなり、メーカーの活動に大きな影響をあたえてしまいます。特定の企業などにかたよることなく、中立な立場で税金を課すのがのぞましいわけです。

最後は簡素の原則。税金の仕組みをできるだけかんたんにし、多くの人が理解しやすいものにすることです。たとえば、消費税率が100通りもあると、複雑すぎて、どの商品の税率が何％かおぼえられません。税金のルールを簡素にして、だれにでもわかりやすくするのがだいじです。

税金の3つの原則

公平の原則

税金

税金

お金をたくさんかせいでいる人に税金を多くおさめてもらい、あまりかせいでいない人の負担をへらす。

中立の原則

みんな同じ 8％

オレンジジュース A社
オレンジジュース B社
オレンジジュース D社
ジュース C社

特定の企業や個人、商品などにかたよることなく、等しく中立な立場で税金を課す。

簡素の原則

カンタンニ納税デキマス

ピピッ

ルールが複雑にならないようにして、わかりやすく税金を課す。手軽に納税できるような方法も導入する。

公平な税金って、どういうこと？

税金はみんなのために使うお金であって、だれもが公平に負担するのがよいことを学びました。ここでは、「公平な税金」について考えてみましょう。どのような方法で税金を集めれば公平といえるか、つぎの例を読んで考えてみてください。

　Aさん、Bさん、Cさんは、それぞれお店を経営しています。1年間の売上や費用を計算したところ、つぎのような利益（もうけ）があって、3人の利益の合計は1000万円でした。

- Aさんの店　250万円
- Bさんの店　50万円
- Cさんの店　700万円

　あなたがルールをつくって、この利益から総額300万円の税金を集めることにしましょう。できるだけ公平になるように税金を集めるには、どういうルールをつくったらよいでしょうか。3人それぞれの立場になって考えてみましょう。

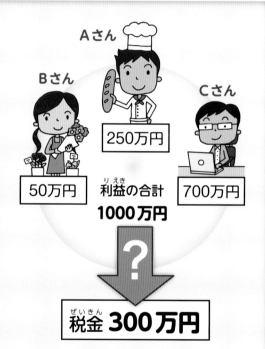

税金 300万円

	利益	税額
Aさん	250万円	○万円
Bさん	50万円	○万円
Cさん	700万円	○万円
集める税金の総額		300万円

クラスで3つのグループにわかれて、みんなで話しあってみてもいいね！

Aさん
グループ

Bさん
グループ

Cさん
グループ

3人からおなじ金額を集める

　3人の税金を同額にすれば平等といえそうですが、どうでしょうか？

　300万円を三等分すると、1人あたりの税額は100万円です。

　税金をおさめたあと、Aさんには150万円、Cさんには600万円が残ります。しかし、Bさんは50万円たりないので、税金をおさめるためには借金をしなければなりません。

　全員がおなじ金額を負担するという意味では平等ですが、公平とはいいきれないでしょう。

	利益	税額	
Aさん	250万円	100万円	残金150万円
Bさん	50万円	100万円	50万円不足
Cさん	700万円	100万円	残金600万円
	税金の総額	300万円	

みんな同額で平等なんだから、公平だと思うよ。

Cさん

50万円も借金をしたら、お店をやっていけないよ！

Bさん

ひとりから全額を集める

　利益がもっとも大きいCさんひとりに、300万円の税金を全額おさめてもらうのはどうでしょうか？

　税金をおさめる必要のないAさん、Bさんはよろこぶかもしれません。一方のCさんは、全額をおさめても、まだ一番多くのお金が残ります。しかし、あなたがCさんの立場だとしたら、公平に感じるでしょうか。

　税金の負担は公平であるのがのぞましいはずですが、これもCさんからすると、少し納得がいかないかもしれません。

	利益	税額	
Aさん	250万円	0円	残金250万円
Bさん	50万円	0円	残金50万円
Cさん	700万円	300万円	残金400万円
	税金の総額	300万円	

ぼくも賛成！

ぼくだけ税金をおさめるなんて、不公平だよ！

税金がないのは、もちろん賛成だよ。

Bさん

Aさん

Cさん

おなじ割合で集める

　利益に対して、30%というおなじ割合（同率）で税金をおさめてもらうのはどうでしょうか。

　みんながおなじ税率であれば、公平といえるかもしれません。しかし、Bさんには35万円しか残らず、これはCさんの残金490万円の14分の1にすぎません。

　負担の割合がおなじという意味では公平といえますが、これはどうでしょうか。

35万円しか残らないなんて、とても不公平よ。

Bさん

Cさんに、もう少し多く負担してもらったらどうかな？

Aさん

Bさんは利益が少なかったから、しかたないよ。来年はがんばって。

Cさん

	利益	税率	税額	
Aさん	250万円	30%	75万円	残金175万円
Bさん	50万円	30%	15万円	残金35万円
Cさん	700万円	30%	210万円	残金490万円
		税金の総額	300万円	

ちがう割合で集める

　税金を負担できる能力におうじて、税率に変化をつけてみたらどうでしょうか。

　Aさんの税率を20%、Bさんの税率を10%、Cさんの税率を35%にすると、下の表のようになりました。

　Bさんの税金はずいぶん少なくなりました。しかし、Bさんの税額に対して、Aさんは10倍を負担し、Cさんは49倍も負担することになります。

　負担能力という点からみると、これは公平のように思えますが、どうでしょうか。

ほんとうは0円になるとよかったけど、これならしかたないかな。

Bさん

こんなに税金が高いと、1年間がんばったかいがないんだけど。

Cさん

	利益	税率	税額	
Aさん	250万円	20%	50万円	残金200万円
Bさん	50万円	10%	5万円	残金45万円
Cさん	700万円	35%	245万円	残金455万円
		税金の総額	300万円	

税金を公平に集めるためのくふう

　ルールをかえて、利益に対する税金の集めかたをみてきました。どれにも公平といえる面はありますが、だれかが公平だと思っていても、みんなが公平と思うとはかぎらないようです。立場がちがえば、公平さの感じかたはちがうものです。

　日本には約50種類の税金があり、さまざまな物やサービスに課税（税金がかかること）されています。また、税金ごとに納税者や税率などがきめられていて、税金のルールはそれぞれちがいます。

　公平な税金が理想ですが、納税者の立場や状況によって感じかたがちがうので、すべての人に公平な税金はないかもしれません。それでも、より公平になるようにするには、いくつもの方法を組みあわせて課税することが有効です。日本に多くの種類の税金があるのは、たくさんいる納税者のさまざまな立場を考え、多方面から税金を集めることで、なるべく公平になるようにくふうしているからです。

税金の集めかたの例

おなじ金額を集める税金　消費税

　「消費税」は、物を買ったり、サービスをうけたりする消費にかかる税金です。おなじ行為に対して、だれもがおなじ金額（同額）の税金を負担します。税額がおなじで、きわめて平等であるといえますが、所得の少ない人（低所得者）ほど大きな負担を感じるという面もあります。

おなじ割合で集める税金　住民税・法人税

　住所があり、一定の収入があることにかかる「住民税」や、会社の利益にかかる「法人税」は、個人や企業がおなじ割合（同率）を負担する税金です。たとえば、法人税では、会社の規模や業種などでわけられ、利益に対しておなじ税率の税金がかかります。そのため、利益が大きいほど、多くの税金を負担することになります。

特定の人から集める税金　酒税・たばこ税・自動車税・固定資産税

　「酒税」は酒類にかかる税金で、「たばこ税」はたばこにかかる税金です。どちらも商品の値段に税金がふくまれていて、買った人だけが負担します。「自動車税（種別割）」と「固定資産税」は、自動車や土地・建物などにかかる税金で、所有している人だけが税金を負担します。

能力におうじて集める税金　所得税・相続税

　「所得税」は、会社からもらった給料などの所得にかかる税金で、個人が負担します。「相続税」は亡くなった人が残した財産に対し、相続（うけつぐこと）した人が負担する税金です。どちらも、課税の対象となる金額が大きくなるにしたがって、税率が段階的に高くなる累進課税となっています。

税金は、だれがきめているの？

憲法（日本国憲法）では、国民はだれしも、生まれながらにして人間らしく生きる権利があることを保障しています。こういった権利の一方で、国民は義務もおっています。税金をおさめることは、国民のだいじな義務のひとつです。では、税金のルールは、だれがどうやってきめているのでしょうか？

ぼくにまかせてくれたら、みんなの税金を安くするよ。

あんまり安くしたら、国や地方がいろいろなことにお金を使えなくなるんじゃない？

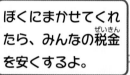

総理大臣がきめてるんじゃないの？

小学校のルールだったら先生たちがきめると思うけど、税金は…。

やっぱり、国会議員がきめていると思うよ。

国民の意見をまとめて、なるべく公平な税金にしないといけないね。

納税は国民の義務

憲法の第30条に「国民は、法律のさだめるところにより、納税の義務をおう」とあり、わたしたちは税金をおさめなければならないことがさだめられています。納税の義務は、勤労の義務、教育の義務とともに「国民の三大義務」といわれています。

また、第84条には「あらたに租税を課し、または現行の租税を変更するには、法律または法律のさだめる条件によることを必要とする」とあり、新しい税金をさだめたり、税法を変更したりするには、法律によらなければならないとされています。

納税は国民のだいじな義務ですが、税金の集めかたや税率などのルールは、だれかが勝手にきめたり変更したりできるものではありません。憲法の第30条に「法律のさだめるところにより」とあるように、法律でさだめなければ税金を課すことはできません★1。消費税は消費税法、法人税は法人税法というように、税法★2によってルールがきめられています。

税金をはじめとする国の法律をさだめるのは国会です。国会という議会の場で、国会議員たちが話しあってきめています。地方の法律をさだめるのは地方議会で、県議会議員や市議会議員などが話しあってきめます。いずれの議員も、選挙によってわたしたちが選んだ代表者です。代表者が議会で法律をさだめているわけですから、わたしたちがみずから法律をつくっているともいえます。法律の成立や改正などは、国民の意思で国のことをきめる国民主権の考えにもとづいています。また、選挙をとおして代表者を選ぶ仕組みは、みんなの考えが尊重されるという民主主義にもとづいたものです。

わたしたちは、自分たちがきめたルールで税金を集め、みんなのくらしのために使っています。不公平な課税のしかたや、納得できない税金の使いかたがあれば、あらためなくてはいけません。国民としても納税者としても、税金のルールや使い道に関心をもつことがたいせつです。

日本の税法のきまりかた

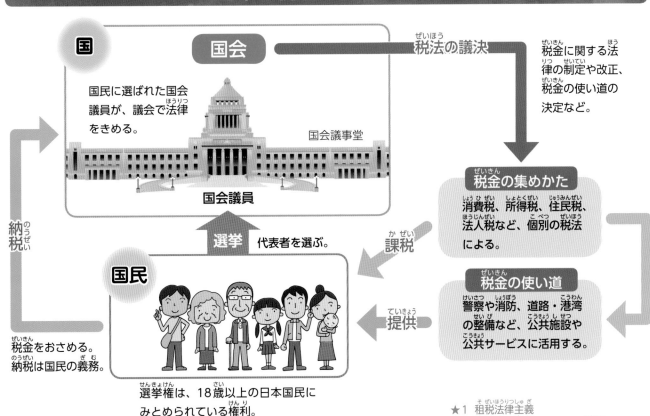

国

国会

国民に選ばれた国会議員が、議会で法律をきめる。

国会議事堂

国会議員

税法の議決

税金に関する法律の制定や改正、税金の使い道の決定など。

選挙　代表者を選ぶ。

国民

選挙権は、18歳以上の日本国民にみとめられている権利。

納税

税金をおさめる。
納税は国民の義務。

課税

税金の集めかた

消費税、所得税、住民税、法人税など、個別の税法による。

税金の使い道

警察や消防、道路・港湾の整備など、公共施設や公共サービスに活用する。

提供

★1　租税法律主義
★2　税法……税金にかかわる法律のこと。

税金は、どうおさめているの？

「税金を取られる」という表現がありますが、適切ではありません。税金は、わたしたちがつくった法律にもとづいて、わたしたち自身でおさめるものです。どういうことか考えてみましょう。

消費税を払わなければノートも買えないんだから、税金を取られているみたいに感じるよ。

税金はみんなのために使われるんだから、取られているというのはへんなのかも…。

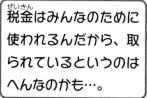

「消費税はいただきません※」というお店があったら、大人気になるかも？

でも、お店には、お客さんから消費税をもらう義務があるんじゃない？

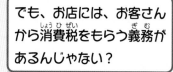

友だちの家は花屋さんをやっていて、税金をおさめる時期はたいへんらしいよ。

おとうさんの税金は、給料から天引きだって、いってたよ。

※商品を安くみせようとする宣伝や広告は法律で禁止されている。違法行為があると、政府による取り締まりの対象となる。

税金をおさめることを納税といい、税金をおさめる義務のある人のことを納税者といいます。また、税金を負担する人のことは担税者ということもあります。消費税の場合、担税者は商品を買った人で、お店が納税者になります。納税者・担税者というと、働いて給料をもらっている個人を思いうかべるかもしれませんが、法人（会社など）が対象となる税金もあります。

日本の納税のルールでは、原則として、自分の税金は自分で計算しておさめることになっています★1。たとえば、お店や会社を経営している人は、1年に1回、自分で納付すべき税金の金額を計算し、書類を税務署へ提出して所得税や法人税などをおさめます。会社員の場合、毎月の給料から必要な税金があらかじめひかれていることがあります★2。これは、会社が社員のかわりに計算して、所得税や住民税をまとめておさめているからです。

また、すべての税金を自分で計算しておさめるわけではありません。家や土地にかかる固定資産税や、自動車にかかる自動車税（種別割）などは、おさめるべき金額を国や地方公共団体が計算し、納税者に通知しています★3。

おもな税金のおさめかた（消費税・所得税・住民税の例）

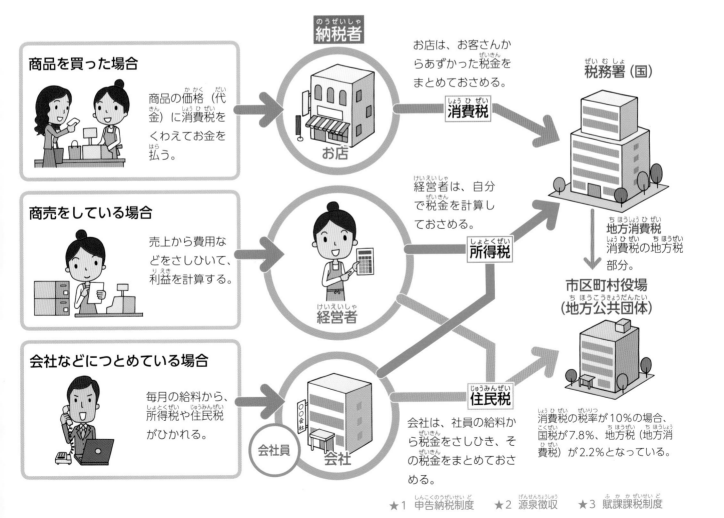

商品を買った場合
商品の価格（代金）に消費税をくわえてお金を払う。

納税者
お店

お店は、お客さんからあずかった税金をまとめておさめる。

消費税 → 税務署（国）

商売をしている場合
売上から費用などをさしひいて、利益を計算する。

経営者

経営者は、自分で税金を計算しておさめる。

所得税

会社などにつとめている場合
毎月の給料から、所得税や住民税がひかれる。

会社員　会社

会社は、社員の給料から税金をさしひき、その税金をまとめておさめる。

住民税

地方消費税
消費税の地方税部分。

市区町村役場（地方公共団体）

消費税の税率が10%の場合、国税が7.8%、地方税（地方消費税）が2.2%となっている。

★1　申告納税制度　　★2　源泉徴収　　★3　賦課課税制度

税金を徴収する機関

税金をおさめるとき、「納付する」という言葉を使いますが、税金を集める側の国や地方公共団体からみれば「徴収する」となります。国税を徴収するのは国、地方税を徴収するのは地方公共団体です。納付先はそれぞれの機関になります。

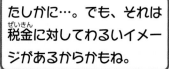

たしかに…。でも、それは税金に対してわるいイメージがあるからかもね。

税金を徴収されるって、なんだか気分のいいものではないね。

税金のルールは国民がつくったんだから、社会のためにすすんで納付しないといけないね。

税金をあつかう機関で、もっともよく知られているのは税務署でしょう。税務署は国の行政機関のひとつで、全国各地にあります。国税の納付先は、この税務署です。

その上の機関に国税局があります。国税局は、国税の徴収をおもな仕事とするほか、税務相談にのったり、正しく納税されているか調査したりしています。国税局の仕事のうち、個人や企業などを対象とする一般的な窓口となっているのが税務署です。

国税局の上には国税庁という国の機関があり、全国の国税局や税務署をまとめて指導・監督しています。国税に関する組織全体は右ページの図のようになっています。

地方税の場合は、地方公共団体が税金の徴収をおこないます。地方税の納付先は、個人や企業の住所がある市区町村・都道府県の納税課や税務課などになります。

国税をあつかう機関

(2020年1月現在)

国税を徴収したり、税金をあつかう機関を指導・監督したりする流れは下のようになっています。

国

財務省主税局で税金にかかわる法律を立案し、国会の決議で成立する。

国税庁

国の税務行政を担当し、国税局を指導・監督する。

国税局

税務署を指導・監督する。右の地図のように全国に12か所（11局・1事務所）ある。

税務署

税金の課税・徴収をするための事務をおこなう。全国に524か所ある。

全国の国税局

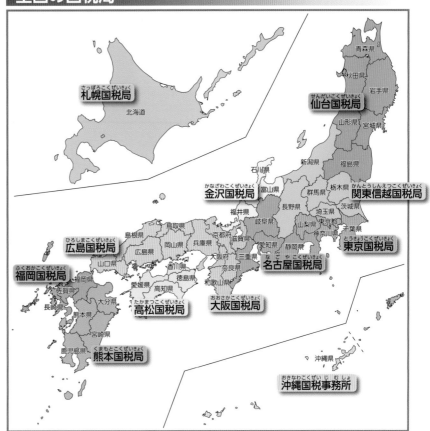

札幌国税局　北海道

仙台国税局　青森県　秋田県　岩手県　山形県　宮城県　福島県

金沢国税局　石川県　富山県　福井県

関東信越国税局　新潟県　群馬県　栃木県　埼玉県　茨城県　長野県

広島国税局　島根県　鳥取県　岡山県　兵庫県　広島県　山口県

名古屋国税局　岐阜県　愛知県　静岡県　三重県

東京国税局　山梨県　東京都　神奈川県　千葉県

大阪国税局　滋賀県　京都府　大阪府　奈良県　和歌山県

福岡国税局　福岡県　佐賀県　長崎県

高松国税局　香川県　徳島県　愛媛県　高知県

熊本国税局　大分県　熊本県　宮崎県　鹿児島県

沖縄国税事務所　沖縄県

税務署はどこにあるでしょうか？
右の地図記号をさがしてください。

(国土地理院「地理院地図」)

税務署をあらわす地図記号

この地図記号は、そろばんの玉の形がもとになっている。

そろばん

税金をあつかう職業

この本の監修をしているのは「日本税理士会連合会」です。税金をあつかう資格をもつ税理士が登録されている団体ですね。税理士は、税金についてのあらゆる疑問を解決してくれますよ。

税金の計算はたいへんそうね。

パン屋さんを経営しているおじさんは、税金の計算を税理士に依頼しているよ。

どうしたら、税理士になれるんだろう。

　税金のことをあつかう職業には、税務職員、税理士などがあります。それぞれ紹介していきましょう。

　税務職員は、税務署につとめる国家公務員です。税金を徴収する側の人ですが、わたしたち納税者の相談にものってくれます。

　税理士は税金のスペシャリスト（専門家）として、納税者の立場から税金の計算や書類の作成などをおこない、税務相談におうじて

います。日本では、自分の税金はみずから計算しておさめるのが原則（▶ p.39）です。しかし、税法はむずかしく、税金の計算には手間がかかるので、税理士が手助けをしてくれるのです。中小企業経営者や個人事業主のほか、一般の個人の相談にも対応します。税理士は仕事をするうえで知りえた秘密を守ることが義務づけられているので、相談者は安心して税理士に依頼できます。

税理士になるには

　税理士として業務をおこなうためには、日本税理士会連合会の「税理士名簿」に登録される必要があります。

　税理士になるにはいくつかの方法があり、毎年8月上旬ごろに実施される「税理士試験」に合格する方法が一般的です。試験に合格していて、通算2年以上の実務経験があれば、税理士名簿への登録申請ができます。登録がみとめられ、税理士証票が交付されれば、税理士業務をおこなうことができます。

　なお、税理士試験は、国籍や年齢をとわず、だれでも受験できます。

税理士の信頼のあかし「税理士バッジ」。

女性の新人税理士・白石桜をとおして税理士の業務をえがいたWebコミック。税理士の日常や仕事の内容がよくわかる。

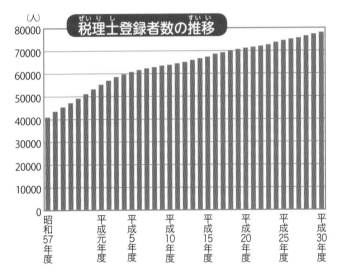

税理士登録者数の推移

税金のことが学べる「租税教室」

　日本税理士会連合会の事業のひとつに、租税に関する教育活動があります。その一環としておこなわれているのが租税教室です。連合会では、全国の小学校・中学校・高校などに税理士を派遣して、年間で1万2000回以上（2018年度）、租税教室を開催しています。租税教室では、教材やスクリーンなどを見ながら、経験豊富な税理士が税金のことをわかりやすく解説してくれます。

小学校での租税教室のようす。経験豊富な税理士が学校におもむき、税金の基礎を教えてくれる。

講義用テキスト「租税教育」。

まんがでわかる教材「税って何かな？」。

日本の税の歴史

税のことを「税金」といったり、「租税」といったり
しますが、租税には税金よりも少し広い意味があるよ
うです。「税金」という言葉からわかるように、現在
の日本の税はお金でおさめるようになっています。で
も、かつては農作物や労働など、お金以外の方法でお
さめる時代がありました。

飛鳥時代 (592 〜 710年)

富本銭
飛鳥時代につくられた銅銭。日
本最古の銅銭と考えられている。
（画像提供：奈良文化財研究所）

645年、「大化の改新」とよばれる政治改革によって、土地と人民の
私有をみとめず、国家が支配するという方針がしめされました。701年、
「大宝律令」とよばれる国の法律がつくられると、戸籍や租税など、全国
を支配するための仕組みがさだめられました。「租・庸・調」は、現在の
税金に相当するものと考えられます。

> **租**……たんぼの広さにおうじて課され、収穫した稲の一部をおさめる。
> **庸**……都で労働する。または布をおさめる。
> **調**……布や絹、魚や塩など、地方の特産物をおさめる。

奈良時代・平安時代 (710 〜 1185年)

和同開珎
奈良時代に流通した貨幣。
（日本銀行貨幣博物館所蔵）

743年、「墾田永年私財法」が制定され、新しくたがやした土地の私
有がみとめられました。これにより、平安時代には大きな寺社や貴族が
私的に所有する荘園が各地にできていきます。荘園の領主は、農民に対
して、現在の租税にあたる年貢（米などの収穫物の納付）や労役を課し
ました。

鎌倉時代・室町時代 (1185 〜 1573年)

経済が発達すると、幕府は年貢や土地を管理するための役職をもうけ、
農民から年貢をきびしく取りたてました。室町時代になると、商工業者
に対しても税が課せられます。また、おもな街道には関所とよばれる施
設がもうけられ、通行税をおさめないと通行できませんでした。

安土桃山時代・江戸時代　　　　　　　　　　　　　　（1573〜1868年）

豊臣秀吉　（大阪城天守閣蔵）

　天下統一をなしとげた豊臣秀吉は、全国の土地の調査（太閤検地）を
おこなって、農地の面積や農作物の収穫高などにおうじて年貢をおさめ
させました。収穫量の3分の2を徴収するというきびしいものだったため、
重い税負担にたえかねた農民たちは、団結して一揆とよばれる抗議行動
をおこしました。
　江戸時代になると、幕府は農地に課される地租として米などをおさめ
させました。また、金貨・銀貨などが普及して貨幣経済が発展すると、
商工業者に対しても税が課されました。

明治時代・大正時代・昭和時代　　　　　　　　　　　（1868〜1989年）

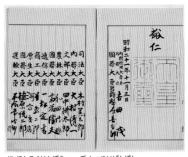

日本国憲法の御署名原本
右に大きく昭和天皇の御名（名前）があ
り、御璽（公印）がおされている。
（国立公文書館所蔵）

　1873年、明治政府は収入（歳入）の安定をはかるために「地租改正」
を実施しました。これにより、土地の所有者は地価の3%を地租として、
貨幣でおさめなければならなくなりました。また、明治時代には、個人
や法人に対する所得税も導入されています。
　明治後期から昭和初期にかけて、日本は他国との戦争をくりかえして
いたので、戦争にかかる費用を調達するために、増税や新たな税金の創
設がおこなわれました。国債というかたちで、国民から多額の借金もし
ています。
　戦争の時代がおわって、1946（昭和21）年に日本国憲法が公布され、
国民の義務のひとつとして「納税の義務（▶p.36)」がさだめられました。
また、翌年には申告納税制度（▶p.39）が導入され、1950年には現在の
税制の基盤ともいえる大規模な税制改革がおこなわれました。

平成時代・令和時代　　　　　　　　　　　　　　　　　　（1989年〜）

消費税率のうつりかわり

1989（平成元）年4月	3%
1997（平成9）年4月	5%
2014（平成26）年4月	8%
2019（令和元）年10月	10%

消費税（国税）……7.8%
地方消費税（地方税）……2.2%

　1989（平成元）年、日本ではじめて消費税が導入され、商品の販売や
サービスの提供に対して3%の税金が課されるようになりました。その
後、消費税率は、1997年に5%（地方消費税1%をふくむ）に変更され、
2014年に8%（地方消費税1.7%をふくむ）に変更されました。
　また、令和の時代になった2019年10月、消費税率は10%（地方消
費税2.2%をふくむ）に変更されました。ただし、飲食料品と新聞のうち、
条件をみたすものについては軽減税率の対象として8%とされました。

さくいん

あ

印紙税（いんしぜい）……………………………… 23

か

確定申告（かくていしんこく）……………………… 26
核燃料税（かくねんりょうぜい）…………………… 23
課税（かぜい）……………………………………… 35, 37
ガソリン税（揮発油税）（きはつゆぜい）………… 23
関税（かんぜい）…………………………………… 23
間接税（かんせつぜい）……………………… 22, 23, 24
簡素の原則（かんそのげんそく）………………… 31
揮発油税（ガソリン税）（きはつゆぜい）………… 23
寄付（きふ）………………………………………… 26
軽減税率（けいげんぜいりつ）…………………… 45
警察（けいさつ）…………………………………… 21
軽自動車税（けいじどうしゃぜい）……………… 23
軽油引取税（けいゆひきとりぜい）……………… 23
県議会議員（けんぎかいぎいん）………………… 37
源泉徴収（げんせんちょうしゅう）……………… 39
憲法（けんぽう）………………………………… 36, 37
公共サービス（こうきょう）……………………… 15
公共施設（こうきょうしせつ）…………………… 15
控除（こうじょ）…………………………………… 26
公的サービス………………………………………… 15
公平な税金（こうへいなぜいきん）…………… 32, 35
公平の原則（こうへいのげんそく）……………… 31
国税（こくぜい）……………… 15, 22, 23, 24, 25, 40, 41
国税局（こくぜいきょく）……………………… 40, 41
国税庁（こくぜいちょう）……………………… 40, 41
国民主権（こくみんしゅけん）…………………… 37
国民の三大義務（こくみんのさんだいぎむ）…… 36
国会（こっかい）…………………………………… 37

さ

国会議員（こっかいぎいん）……………………… 37
固定資産税（こていしさんぜい）…………… 23, 25, 35, 39
ゴルフ場利用税（ごるふじょうりようぜい）…… 23
墾田永年私財法（こんでんえいねんしざいほう）… 44

歳入（さいにゅう）………………………………… 45
市議会議員（しぎかいぎいん）…………………… 37
事業税（じぎょうぜい）…………………………… 23
市区町村たばこ税（しくちょうそんぜい）……… 23
市区町村民税（しくちょうそんみんぜい）……… 23
自動車重量税（じどうしゃじゅうりょうぜい）… 23
自動車税（じどうしゃぜい）………………… 23, 25, 35, 39
住民税（じゅうみんぜい）………… 23, 24, 25, 26, 35, 39
住民税控除（じゅうみんぜいこうじょ）………… 26
酒税（しゅぜい）………………………………… 23, 24, 35
消費税（しょうひぜい）……… 12, 13, 22, 23, 24, 35, 39, 45
消費税込み（しょうひぜいこみ）………………… 13
消費税率（しょうひぜいりつ）………………… 13, 45
消防（しょうぼう）………………………………… 21
所得（しょとく）………………………… 23, 24, 31, 35
所得税（しょとくぜい）…………… 23, 24, 26, 35, 39, 45
所得税控除（しょとくぜいこうじょ）…………… 26
申告納税制度（しんこくのうぜいせいど）…… 39, 45
税額（ぜいがく）…………………………… 32, 33, 34, 35
税金（ぜいきん）……… 13, 15, 16, 22, 23, 24, 26, 31, 44
税金の原則（ぜいきんのげんそく）……………… 31
税込み（ぜいこみ）………………………………… 13
税収（ぜいしゅう）………………………………… 26
税制（ぜいせい）…………………………………… 45
税抜き（ぜいぬき）………………………………… 13
政府（せいふ）……………………………………… 15
税法（ぜいほう）……………………………… 36, 37, 42
税務署（ぜいむしょ）………… 13, 26, 39, 40, 41, 42
税務職員（ぜいむしょくいん）…………………… 42
税理士（ぜいりし）…………………………… 42, 43

税理士試験 ………………………………… 43

税理士バッジ ……………………………… 43

税理士名簿 ………………………………… 43

税率 ………………… 13, 31, 34, 35, 39, 45

石油石炭税 ………………………………… 23

選挙 ……………………………………… 24, 37

選挙権 …………………………………… 24, 37

増税 ………………………………………… 45

相続税 …………………………… 23, 25, 35

相続人 ……………………………………… 25

贈与税 ……………………………………… 23

租税 ……………………………………… 43, 44

租税教室 …………………………………… 43

租税法律主義 ……………………………… 37

租・庸・調 ………………………………… 44

た

大化の改新 ………………………………… 44

太閤検地 …………………………………… 45

大宝律令 …………………………………… 44

たばこ税 ………………………… 23, 24, 35

担税者 ……………………………………… 39

地租改正 …………………………………… 45

地方議会 …………………………………… 37

地方公共団体 …………………………… 15, 26

地方自治体 ………………………………… 15

地方消費税 ……………………… 23, 39, 45

地方税 ………… 15, 22, 23, 24, 25, 26, 40

地方法人税 ………………………………… 23

中立の原則 ………………………………… 31

徴収 ………………………………………… 40

直接税 ………………………… 22, 23, 24, 25

通行税 ……………………………………… 44

低所得者 …………………………………… 35

登録免許税 ………………………………… 23

都市計画税 ………………………………… 23

都道府県たばこ税 ………………………… 23

都道府県民税 ……………………………… 23

豊臣秀吉 …………………………………… 45

とん税 ……………………………………… 23

な

日本国憲法 ……………………………… 36, 45

日本税理士会連合会 …………………… 42, 43

入湯税 ……………………………………… 23

年貢 ……………………………………… 44, 45

納税 …………………………… 22, 26, 37, 39

納税者 ……………… 22, 26, 35, 37, 39, 42

納税の義務 ……………………………… 36, 45

納付 ………………………………………… 40

は

賦課課税制度 ……………………………… 39

復興特別所得税 …………………………… 23

不動産取得税 ……………………………… 23

富本銭 ……………………………………… 44

ふるさと納税 ……………………………… 26

法人 …………………………… 15, 23, 39, 45

法人税 …………………………… 23, 25, 35, 39

ま

民主主義 …………………………………… 37

ら

利益（もうけ） …………………………… 32

累進課税 …………………………………… 35

わ

和同開珎 …………………………………… 44

知ろう！ 学ぼう！ 税金の働き　全2巻

監修：日本税理士会連合会

●A4変型判　●各48ページ　●NDC345（租税）●図書館用堅牢製本

税金の基本と仕組み

税金の種類と使い道

知ろう！ 学ぼう！ 税金の働き
税金の基本と仕組み

監修　**日本税理士会連合会**

税理士の使命および職責にかんがみ、税理士の義務の遵守
および税理士業務の改善進歩に資するため、税理士会およ
びその会員に対する指導、連絡および監督に関する事務を
行い、税理士の登録に関する事務を行うことを目的として、
税理士法で設立が義務づけられている法人。全国15の税理
士会で構成されている。

● 編集・DTP　ワン・ステップ
● デザイン　　グラフィオ
● イラスト　　川下 隆
● まんが　　　池田圭吾

初版発行 2020年2月　　第5刷発行 2022年3月

監　修　　　日本税理士会連合会
発行所　　　株式会社 金の星社
　　　　　　〒111-0056 東京都台東区小島 1-4-3
　　　　　　電話　03-3861-1861（代表）
　　　　　　FAX　03-3861-1507
　　　　　　振替　00100-0-64678
　　　　　　ホームページ　https://www.kinnohoshi.co.jp

印　刷　　　株式会社 広済堂ネクスト
製　本　　　東京美術紙工協業組合

NDC345　48p.　29.5cm　ISBN978-4-323-06195-5

©Takashi Kawashita, Keigo Ikeda, ONESTEP inc., 2020
Published by KIN-NO-HOSHI SHA, Tokyo, Japan.
乱丁落丁本は、ご面倒ですが、小社販売部宛てにご送付ください。
送料小社負担にてお取り替えいたします。